技工院校商贸类通用教材

中等职业学校商贸类通用教材

电子商务基础（第二版）习题册

王燕　主编

中国劳动社会保障出版社

简介

本书是《电子商务基础（第二版）》的配套习题册。本书题型设计多样，包括单项选择题、多项选择题、填空题、判断题、名词解释、简答题、综合题等，力求充分体现教材的重点和难点，反映实际工作中将接触的具体问题，使学生能够掌握有关知识和原理，并具有解决实际问题的能力。

本书由王燕任主编，顾颖、屠畅远参加编写。

图书在版编目（CIP）数据

电子商务基础（第二版）习题册 / 王燕主编 .
北京：中国劳动社会保障出版社，2025. --（技工院校商贸类通用教材）（中等职业学校商贸类通用教材）.
ISBN 978-7-5167-6812-9

Ⅰ. F713. 36-44

中国国家版本馆 CIP 数据核字第 20252CG920 号

电子商务基础（第二版）习题册
DIANZI SHANGWU JICHU（DI-ER BAN）XITICE

中国劳动社会保障出版社出版发行
（北京市惠新东街 1 号　邮政编码：100029）
*
北京鑫海金澳胶印有限公司印刷装订　　新华书店经销
787 毫米 ×1092 毫米　16 开本　2.75 印张　55 千字
2025 年 6 月第 1 版　　2025 年 8 月第 2 次印刷
定价：6.00 元

营销中心电话：400-606-6496
出版社网址：https://www.class.com.cn
https://jg.class.com.cn

目　录

第一章　电子商务概述

一、单项选择题

1．下列关于电子商务的说法，正确的是（　　）。

A．电子商务仅限于网上交易的活动

B．电子商务包含企业内部的资源管理和客户关系管理

C．电子商务只涉及网络营销和电子支付

D．电子商务主要是传统商务的延续

2．借助电子商务，企业之间、企业与客户之间可以时刻保持紧密联系，可以瞬间完成信息传递与计算机自动处理，无须人工干预，极大地缩短了交易时间。这体现了电子商务的（　　）特点。

A．交易全球化　　B．交易透明化

C．交易高效率　　D．交易互动化

3．下列选项中，（　　）是一种计算机与计算机之间进行结构化数据交换的标准方式。

A．EDI　　B．SCM

C．CRM　　D．EC

4．基于互联网的电子商务出现在20世纪（　　）年代。

A．60　　B．70　　C．80　　D．90

5．向用户提供个性化的商品、服务和内容推荐，提升购物体验和用户满意度，这是电子商务的（　　）特点。

A．社交化　　B．智能化

C．全球化　　D．规范化

6．电子商务企业可以利用（　　）技术，通过分析用户之间的相似性，向用户推荐商品。

A．用户画像　　B．内容推荐

C．协同过滤　　D．搜索引擎

7．慕课是（　　）的一种应用。

A．云存储　　B．云教育

C．云医疗　　D．云交通

8. 下列选项中，（　　）属于利用复杂的神经网络开发人工智能（AI）系统的技术。

A. 计算机视觉技术　　B. 自然语言处理技术

C. 机器学习技术　　D. 深度学习技术

二、多项选择题

1. 根据所使用的网络不同，电子商务的发展阶段可以分为（　　）。

A. 基于 EDI 的电子商务

B. 基于局域网的电子商务

C. 基于互联网的电子商务

D. 基于 3G、4G、5G 等通信技术的移动电子商务

2. EDI 商务出现较早，但至今仍未广泛普及，主要原因有（　　）。

A. 必须租用 EDI 网络上的专线，费用较高

B. 贸易伙伴需要使用 EDI

C. 需要配备专业的 EDI 操作人员

D. 早期的软硬件条件制约了 EDI 商务的发展

3. 政策扶持在电子商务发展中的具体体现有（　　）。

A. 互联网的普及　　B. 促进市场规范化

C. 扶持电商企业发展　　D. 推广电商应用

4. 下列选项中，（　　）作为经济因素为电子商务的兴起和普及提供了有利条件。

A. 硬件设备的更新迭代　　B. 商品供过于求

C. 消费者需求日益个性化　　D. 新技术的出现

5. 电子商务经过多年的发展，已不再局限于网上购物，目前呈现出（　　）等发展趋势。

A. 社交化　　B. 智能化

C. 全球化　　D. 规范化

6. 物联网实现物与物、人与物之间信息交互的环节包括（　　）。

A. 整体感知　　B. 信息传输

C. 智能处理　　D. 结果反馈

7. 相较于传统商务，电子商务的特点有（　　）。

A. 交易场所是虚拟空间　　B. 交易成本高

C. 信息公开透明　　D. 能够迅速捕捉客户需求

8. 云计算的优势包括（　　）。

A. 云计算可以降低用户的成本，用户只需按需付费

B. 云计算可以提高用户的工作效率，快速部署和管理应用程序

C. 云计算可以增强可靠性

D. 云计算具有灵活性，用户可以根据需要选择不同的服务类型、应用程序和操作系统

三、填空题

1. 企业通过社交媒体等渠道与消费者进行互动，提供社交化的购物环境和服务，增强用户黏性，提高忠诚度，建立品牌信任，并实现销售增长。这反映了电子商务的____________特点。

2. 大数据在电子商务领域的应用主要体现在________和____________两个方面。

3. 利用先进的技术和工具对大规模数据进行分析和挖掘，以发现其中价值的方法，是__________。

4. ______________是一种模拟人类智能的技术，它可以使机器完成识别、学习、推理、决策等类似于人类思维的复杂活动，如无人驾驶、多语言翻译、人脸识别等。

四、判断题

1. 客户关系管理、供应链管理属于狭义的电子商务范畴。（　）

2. 在信息获取渠道方面，电子商务不再依赖于销售商提供的信息，而是相对公开、透明。（　）

3. 计算机的出现和普及为电子商务的产生提供了基本条件。（　）

4. EDI 技术不能消除人工干预和纸质文件的使用，不能减少错误和重复工作。（　）

5. 21 世纪初，移动通信技术迅速发展，智能手机得以普及，基于 3G、4G、5G 等通信技术的移动电子商务成为电子商务领域的新浪潮。（　）

6. 在线翻译、文档翻译、口译是计算机视觉技术的具体应用。（　）

五、名词解释

1. 电子商务

2. 物联网

六、简答题

1. 电子商务的产生和发展离不开技术的支持，技术因素如何促进电子商务发展?

2. 简述物联网技术在智能仓储与物流方面的应用。

七、综合题

随着互联网的高速发展，电子商务行业进入了发展的快车道。某传统零售企业决定转型进入电子商务领域，以拓宽销售渠道并提高市场竞争力。该企业高层决定投资建立一套完整的电子商务系统，包括在线商城、订单管理、在线支付、物流配送和客户服务等功能模块。

根据上述材料，回答以下问题：

1. 请根据电子商务的定义，判断该事例涉及的电子商务属于广义电子商务还是狭义电子商务，并解释原因。

2. 结合电子商务的特征，分析该企业转型进入电子商务领域后会发生哪些重要变化。

第二章　电子商务交易模式

一、单项选择题

1. C2C 电子商务模式通常依赖于（　　）进行交易。

A．企业官网　　B．第三方电子商务平台

C．政府网站　　D．社交媒体

2. 以下不属于 C2C 电子商务平台的是（　　）。

A．eBay　　B．拍拍网　　C．苏宁易购　　D．闲鱼

3. 七天无理由退换货、假一赔三属于（　　）服务。

A．消费者保障　　B．店铺管理增值

C．信息增值　　D．特色

4. 万方数据向用户提供浏览学术论文的有偿服务，这属于（　　）模式。

A．网上订阅　　B．付费浏览

C．广告支持　　D．共享注册

5. 以下网站中，（　　）的电子商务交易模式不是综合 B2C 模式。

A．京东商城　　B．唯品会

C．亚马逊　　D．小米商城

6. 京东商城一方面通过销售自营商品赚取差价，另一方面对入驻京东商城的商家收取交易佣金，这种盈利模式属于（　　）盈利模式。

A．网络广告收益　　B．商品销售收入

C．虚拟店铺出租费　　D．网站间接收益

7. 中国制造网采用的是（　　）电子商务交易模式。

A．C2C　　B．B2B　　C．B2C　　D．O2O

8. 下列平台中，（　　）不是水平型 B2B 电子商务平台。

A．环球资源网　　B．慧聪网

C．敦煌网　　D．全球五金网

9. 网上招投标的流程一般为（　　）。

A．发布招标公告、招标文件→获取招标文件→提交投标文件→评标→发布中标公告→签订合同

B. 发布招标公告、招标文件→提交投标文件→获取招标文件→评标→发布中标公告→签订合同

C. 发布招标公告、招标文件→获取招标文件→提交投标文件→发布中标公告→评标→签订合同

D. 发布招标公告、招标文件→获取招标文件→评标→提交投标文件→发布中标公告→签订合同

10. O2O 模式中的两个“O”分别代表（　　）。

A. online（线上）和 offline（线下）

B. offline（线下）和 on-site（现场）

C. online（线上）和 on-site（现场）

D. other（其他）和 online（线上）

二、多项选择题

1. 根据参与电子商务的交易者类型划分，电子商务交易模式可分为（　　）等。

A. C2C 模式　　B. B2B 模式

C. B2C 模式　　D. O2O 模式

2. 与其他电子商务模式相比，C2C 电子商务模式具有（　　）的特点。

A. 准入门槛低　　B. 用户数量大且分散

C. 借助第三方平台进行交易　　D. 经营方式灵活

3. C2C 电子商务的盈利模式主要有（　　）。

A. 收取会员费　　B. 收取交易提成

C. 收取网络广告费　　D. 收取增值服务费

4. B2C 电子商务模式的特点包括（　　）。

A. 商品种类丰富　　B. 交易量大

C. 消费者群体广泛　　D. 通常涉及大额交易

5. 适用于无形商品和服务的 B2C 电子商务模式主要包括（　　）。

A. 网上订阅模式　　B. 付费浏览模式

C. 广告支持模式　　D. 共享注册模式

6. 根据产品品类规模不同，可将 B2C 电子商务模式分为（　　）。

A. 无形商品和服务的 B2C 模式

B. 综合 B2C 模式

C. 有形商品和服务的 B2C 模式

D. 垂直 B2C 模式

7. 以下属于垂直型 B2B 电子商务平台的有（　　）。

A. 中国化工网　　B. 联想 E 采平台

C. 中钢在线　　D. 全球五金网

8. 常见的 O2O 平台引流入口包括（　　）。

A. 消费点评类网站或应用

B. 电子地图网站或应用

C. 社交类网站或应用

D. 短视频平台

9. O2O 模式在（　　）得到了广泛应用。

A. 餐饮业　　B. 零售业

C. 旅游业　　D. 教育业

三、填空题

1. 消费者与消费者之间通过互联网进行交易的电子商务交易模式称为________模式。

2. 在线服务商免费向消费者提供信息在线服务，以吸引消费者访问其网站，同时被动接受网站发布的商业广告信息的电子商务模式是________模式。

3. B2C 电子商务营销活动可分为______营销活动和______营销活动。

4. O2O 电子商务通过线上引流、______、消费、______和______等环节，实现线上与线下的无缝连接和协同作用。

5. 生鲜电商平台的运营模式有综合电商平台引入生鲜业务、垂直电商平台专注生鲜领域和________。

四、判断题

1. 由于 C2C 交易往往是小额交易，所以卖家的风险和资金压力也比较小。（　　）

2. 拍拍网、eBay 是 B2C 电子商务平台的典型代表。（　　）

3. 合作关系相对稳定是 C2C 电子商务交易模式的主要特点。（　　）

4. 天猫、唯品会采用的是垂直 B2C 模式。（　　）

5. 垂直型 B2C 电子商务平台针对的是特定领域的消费者，其对该领域消费者需求和行为的理解远远超过了一般的 B2C 电子商务平台。（　　）

6. 海尔企业用户云平台是基于采购商的 B2B 电子商务交易模式的典型代表。（　　）

7. 很多生活服务商通常采用从线上到线下的 O2O 电子商务交易模式。（　　）

五、名词解释

1. 网络采购

2. O2O 电子商务交易模式

六、简答题

1. B2C 电子商务交易模式与 C2C 电子商务交易模式相比，买家的购物体验更好，为什么？

2. B2B 电子商务的特点有哪些？

3. 简述水平型 B2B 电子商务的优势。

4. 列举 B2B 电子商务的主要盈利模式。

5. 对于商家而言，O2O 电子商务的价值有哪些？

七、综合题

1. 请根据所学知识，对比 C2C、B2C、B2B、O2O 四种电子商务交易模式，回答下列问题。

（1）请将以下电子商务交易模式与其对应的特征、交易流程及盈利模式用直线连接起来。

交易模式	特征	交易流程	盈利模式
C2C	企业间交易	询价→报价→签约	获得线上线下联动收益
B2C	消费者间交易	浏览→下单→支付	收取会员费、增值服务费
B2B	企业与消费者交易	预约→到店→消费	获得广告收入，收取交易提成
O2O	线上与线下结合交易	展示→选购→结算	获得商品销售收入，收取虚拟店铺租金

（2）对以下平台进行归类，填入表 2–1 中“平台”栏相应的位置。

拍拍网、唯品会、京东、携程旅行网、全球五金网、美团、转转、eBay、闲鱼、亚马逊、天猫、当当网、海尔企业用户云平台、盒马鲜生、联想 E 采平台、中钢在线、中国化工网、阿里巴巴、敦煌网、环球资源网

表 2–1　电子商务交易平台归类

电子商务交易模式	平台
C2C	
B2C	
B2B	
O2O	

2. A平台是一家大型的在线购物网站，该网站销售各类商品，消费者可以直接在网站上浏览、购买商品，并享受送货上门服务。

（1）该平台采用的是哪种电子商务交易模式?

（2）绘制消费者在该平台购物的流程图。

第三章 网络营销

一、单项选择题

1. 网络营销是非强迫性、消费者主导、人性化的营销方式，如消费者可自主选择是否观看网络广告，这体现了网络营销的（　　）特点。

A. 交互性　　B. 软营销
C. 多媒体　　D. 针对性

2. 利用软件记录网络访问者的活动，收集他们的行为数据，分析他们的兴趣、需求和购买意向，这种网络市场调研方法是（　　）。

A. 在线问卷调查法　　B. 网络观察法
C. 网络实验法　　D. 搜索引擎查找法

3. 在网络营销产品的整体概念层次中，消费者真正想要购买的基本效用或益处是（　　）层次。

A. 核心产品　　B. 形式产品
C. 期望产品　　D. 延伸产品

4. 关于产品生命周期定价策略，以下说法错误的是（　　）。

A. 若新品有很强的优势，可将价格定得高一些，待产品热度消退，再逐步降价；若自身优势不明显，可将价格定得低一些，快速进入市场
B. 当企业的产品在销量、评分等各项指标上有了一些基础，销量处于上升阶段时，可稍微提价
C. 当产品销量稳定，排名、流量、评分等各项指标较好时，可将价格定得比市场价低一些
D. 企业不再强推这款产品时，如果还有库存，可以通过降价、折扣等方式清理库存

5. 通过微信朋友圈推荐商品属于（　　）营销。

A. 社交媒体　　B. 搜索引擎
C. 电子邮件　　D. 短视频

6. 通过输出企业产品、服务的专业知识，持续为用户提供有价值内容的微博，属于（　　）型微博。

A. 网站推广　　B. 品牌推广

C．内容分享　　D．商品销售

7．某公众号文章的标题为“我是如何做到一个月暴瘦十斤的？”，这是（　　）式的文案标题。

A．直言　　B．对比　　C．悬念　　D．建议

8．在展示商品的材质、做工时，应该采用（　　）景别。

A．全景　　B．中景　　C．近景　　D．特写

9．为了使被摄物体看起来更加强大，可以采用（　　）的拍摄角度。

A．仰拍　　B．俯拍　　C．平拍　　D．随意

10．直播活动的核心人物是（　　），他承担着吸引观众、传递产品信息、推销品牌等任务。

A．主播　　B．运营人员

C．场控人员　　D．客服人员

11．在直播过程中负责监控和控制现场情况的人员是（　　）。

A．主播　　B．运营人员

C．场控人员　　D．客服人员

12．在直播开场时，一位旅行达人分享自己最难忘的旅行经历，并邀请观众一起探索新的目的地。这是（　　）类型的直播开场方式。

A．提出问题　　B．数据引入

C．借助热点　　D．故事开场

二、多项选择题

1．常用的数据分析软件有（　　）。

A．SPSS　　B．SAS

C．EXCEL　　D．WPS

2．网络市场调研的方法多种多样，常见的有（　　）。

A．在线问卷调查法　　B．网络观察法

C．网络实验法　　D．搜索引擎查找法

3．网络营销中的产品策略包括（　　）。

A．产品差异化策略　　B．产品层次及对应策略

C．产品选择策略　　D．产品定价策略

4．企业可以在产品（　　）、外观、服务等方面进行差异化的设计，以满足不同消费者的需求和偏好。

A．属性　　B．功能　　C．质量　　D．价格

5. 网络营销中常见的价格策略有（　　）。

A. 低价策略　　B. 个性化定价策略

C. 拍卖定价策略　　D. 免费价格策略

6. 常见的网络营销方法有（　　）。

A. 搜索引擎营销　　B. 社群营销

C. 微博营销　　D. 微信营销

7. 电子商务中常用的短视频策划方法有（　　）。

A. 围绕产品力策划　　B. 围绕场景力策划

C. 围绕营销力策划　　D. 围绕情感力策划

8. 下列选项中，属于常用短视频剪辑软件的有（　　）。

A. 剪映　　B. Photoshop

C. InShot　　D. Premiere

9. 直播复盘包含（　　）等环节。

A. 分析直播数据　　B. 总结直播亮点

C. 反思直播问题　　D. 调整直播策略

10. 选择软文发布平台时，应注意（　　）。

A. 要根据自己的营销需求和目标受众选择合适的发布平台

B. 要注意平台的覆盖面和影响力

C. 要注意平台的发布速度和效率

D. 可任意选择平台

11. 为了提升社群活跃度，可以使用的技巧包括（　　）。

A. 设置群任务　　B. 提供专属福利

C. 价值分享　　D. 多互动

12. 电子邮件营销的三个基本因素是（　　）。

A. 用户满意　　B. 用户许可

C. 用电子邮件传递信息　　D. 信息对用户有价值

三、填空题

1. 狭义的网络营销是指以__________为主要营销手段，为达到一定营销目标而开展的__________。

2. 品牌、质量、设计、特性、包装等属于网络营销产品整体概念的________层次。

3. 某网站采用每点击成本收费模式，广告每被点击一次收取 0.5 元的广告费用。若某广告被点击 2 000 次，则广告主需要支付________元。

4. 通过价格竞争提升关键词的搜索结果排名的营销方法是__________，网站通过优化提升关键词的搜索结果排名的营销方法是__________。

四、判断题

1. 与传统市场调研相比，网络市场调研的成本更高。（　　）

2. 在进行网络市场调研时，资料来源可能是一手资料，也可能是二手资料。通过在线问卷调查得到的数据是二手资料。（　　）

3. 免费价格策略主要用于促销和推广产品，这种策略一般是短期和临时性的。（　　）

4. 安装、维修、送货、技术培训属于网络营销产品整体概念的形式产品层次。（　　）

5. 微信朋友圈是一个很好的营销渠道，可以频繁在朋友圈发布商品信息，以保证能够被更多人看到。（　　）

6. 竞价排名的优势在于只要出价高于对手，那么营销内容就能马上出现在排名靠前的位置，效果立竿见影，不需要像搜索引擎优化一样需要经过较长的优化周期。（　　）

7. 在撰写公众号文章时，文章的内容和排版要符合公众号的定位。假如读者对象是文艺青年，文章内容应尽量文艺化；假如读者对象是中老年，在排版时字体要大一些。（　　）

8. 社群营销的载体只能是微信群。（　　）

五、名词解释

1. 网络营销

2. 网络市场调研

3. 组合定价策略

4. 网络促销策略

5. 关键词竞价排名

6. 直播复盘

六、简答题

1. 列举网络市场调研的方法。

2. 简述搜索引擎优化的优势与劣势。

3. 列举几种常见的微博营销活动。

4. 简述撰写软文的技巧。

七、综合题

某知名运动品牌（以下简称品牌 A）为了推广其新款运动鞋，决定开展网络营销。品牌 A 在社交媒体平台上发布了关于其新款运动鞋的广告视频，展示了该款运动鞋的独特设计和舒适性能。同时，品牌 A 还与多位知名博主合作，邀请他们试穿并分享穿着体验。此外，品牌 A 还在搜索引擎上投放了关键词广告，引导用户访问其官方网站。经过一段时间的推广，品牌 A 的这款运动鞋销量大增，品牌影响力也得到了显著提升。

问题：

1. 在这个案例中，品牌 A 使用了哪些网络营销工具？
2. 请分析品牌 A 的网络营销策略及其成功之处。

第四章　电子商务支付

一、单项选择题

1．网上银行主要通过（　　）确保用户信息和资金的安全。

A．口头承诺　　B．证件原件

C．身份验证和加密传输　　D．用户自行负责安全

2．以下选项中，（　　）是连接商家、银行和其他支付系统的中介平台。它处理支付请求和交易数据，并通过安全通道将数据传输给相关方。

A．银行　　B．金融专用网

C．支付网关　　D．CA 认证机构

3．以下选项中，（　　）提供数字证书，用于对电子支付交易进行身份验证和加密通信。

A．银行　　B．金融专用网

C．支付网关　　D．认证机构

4．允许用户在没有向对方直接透露银行账户信息或信用卡号码的情况下进行付款，是（　　）的核心功能。

A．支付　　B．微信支付

C．PayPal　　D．QQ 钱包支付

5．在数字化时代，（　　）以其快捷、安全、跨地域性、便利等优势，逐渐取代传统的纸币和硬币支付。

A．现金支付　　B．支票支付

C．电子支付　　D．银行转账

6．网上银行是各银行在互联网中设立虚拟柜台，利用（　　）技术，在线为客户提供金融服务及进行交易的一种电子银行形式。

A．无线电　　B．物联网

C．网络　　D．生物

7．网上银行按照服务对象不同，主要分为（　　）。

A．个人网上银行和跨境网上银行

B．企业网上银行和地方性网上银行

C．个人网上银行和企业网上银行

D．全功能网上银行和简化版网上银行

8．用户如果要通过网上银行方便快捷地完成资金的转移和支付，应该使用（　　）服务。

A．账户查询　　B．缴费

C．转账和支付　　D．外汇

9．网上银行提供的（　　）服务可以帮助用户管理个人资产。

A．账户管理　　B．缴费

C．理财投资　　D．贷款申请

二、多项选择题

1．常用的电子支付工具包括（　　）。

A．银行卡　　B．电子现金

C．电子钱包　　D．电子票据

2．相比传统银行，网上银行的优势包括（　　）。

A．方便快捷，随时随地可进行银行业务操作

B．提供实时交易和信息更新功能

C．安全保障措施完善，保护用户信息和资金安全

D．功能单一，仅办理基本的银行业务

3．网上银行提供的多样化功能和服务包括（　　）。

A．贷款申请　　B．转账汇款

C．投资理财　　D．餐饮预订

4．网上银行的业务种类包括（　　）。

A．账户管理

B．转账和支付

C．缴费服务和理财投资

D．存款业务、外汇服务和个性化服务

5．网上银行按照接入方式不同，可以分为（　　）。

A．全功能网上银行　　B．计算机端网上银行

C．移动端网上银行　　D．简化版网上银行

6．常用的第三方支付平台有（　　）。

A．支付宝　　B．财付通

C．PayPal　　D．蚂蚁保

7. 下列选项中，属于财付通旗下支付工具的有（　　）。

A. 支付宝　　B. 微信支付

C. PayPal　　D. QQ 钱包支付

8. 电子支付的特点包括（　　）。

A. 方便快捷　　B. 安全可靠

C. 需要携带大量现金　　D. 支付方式多样化

9. 常用的电子支付工具包括（　　）。

A. 银行卡　　B. 电子现金　　C. 电子钱包　　D. 电子发票

三、判断题

1. 企业网上银行主要面向企业客户，提供企业账户管理、资金结算、供应链金融等服务。（　　）

2. 第三方支付作为买家和卖家之间的中介，处理交易过程中的资金流转和信息传递。（　　）

3. 财付通是由阿里巴巴旗下的财付通支付科技有限公司推出的在线支付平台。（　　）

4. 网上银行不允许用户进行个性化设置，所有服务都是标准化的。（　　）

5. 网上银行提供实时交易功能，用户可以随时查看账户余额并交易。（　　）

6. 电子支付系统通过多层次的安全措施确保支付过程的安全性。（　　）

7. 在电子支付系统中，银行只负责处理用户的支付指令，不负责资金清算和结算服务。（　　）

8. 电子票据是以纸质形式生成、存储和传输的票据。（　　）

9. 网上银行的服务系统依托于先进的计算机网络技术，并以此保障网上交易的安全性，可以完全避免用户经济损失。（　　）

四、填空题

1. 电子支付系统由用户、______________、银行、______________、______________、认证机构构成。

2. 在电子支付系统中，______________是接受电子支付的实体，他们提供______________，并允许用户使用电子支付方式付款。

3. 在电子支付系统中，银行提供支付账户、__________和结算服务，他们处理________并确保资金安全流动。

4. 支付网关是连接商家、银行和其他支付系统的______________。它处理支付请求和______________，并通过______________将数据传输给相关方。

5. 网上银行按照经营地域范围不同，可以分为__________和__________。

6. 网上银行的服务系统依托于先进的__________技术，并以此保障网上交易的安全性，避免用户经济损失。

7. 第三方支付主要通过互联网、手机应用等__________化平台进行支付操作，实现__________化和线上交易。

8. 网上银行不仅提供了传统银行服务，如账户管理和存款服务，还拓展了__________、__________、转账和支付、缴费服务和贷款申请等多样化的服务，以满足用户的多种金融需求。

五、名词解释

1. 电子支付

2. 电子钱包

3. 网上银行

4. 第三方支付

六、简答题

1. 简述网上银行相比传统银行的主要优势。

2. 简述第三方支付的特点。

3. 支付宝有哪些常见的付款方式?

七、综合题

在电子商务第三方支付模式中，买方选购商品后，使用第三方平台提供的账户进行货款支付，第三方再通知卖家货款已到账，要求发货；买方收到商品后进行检验，确认无误后，通知第三方付款；第三方将货款转至卖家账户，完成整个流程。

请根据以上第三方支付流程，画出流程图。

第五章　电子商务物流

一、单项选择题

1. 电子商务物流在电子商务中扮演着（　　）的角色。

A. 不重要　　B. 至关重要　　C. 可有可无　　D. 偶尔重要

2. 下列关于自营物流的说法，正确的是（　　）。

A. 灵活性好　　B. 信息传递不及时

C. 无法提升品牌形象　　D. 无法实现个性化服务

3. 下列关于第三方物流服务的说法，正确的是（　　）。

A. 包括运输管理服务　　B. 仅限仓储服务

C. 不包括配送服务　　D. 不涉及物流信息管理

4. 物流联盟是（　　）为了实现自己的物流战略目标而结成的网络组织。

A. 两个或多个企业

B. 一个企业的物流网络

C. 一个企业内部的物流部门

D. 政府主导的物流合作项目相关机构

5. 第三方物流服务不包括（　　）服务。

A. 运输管理　　B. 仓储和配送

C. 跨境物流　　D. 物流战略规划

6. 物流联盟的主要优势不包括（　　）。

A. 实现资源整合和效率提升　　B. 降低成本

C. 拓展服务范围　　D. 增加运营风险

二、多项选择题

1. 物流在电子商务中的作用包括（　　）。

A. 是商品流通的桥梁与纽带

B. 是交易速度和准确性的保障者

C. 是客户体验的重要组成部分

D. 进行供应链协调和资源整合

2. 电子商务对物流创新的推动体现在（　　）。

A. “最后一公里”配送服务的创新

B. 智能仓储系统的应用

C. 大数据分析在物流规划中的运用

D. 物流成本的降低

3. 新型物流信息技术的发展趋势包括（　　）。

A. 使用物联网技术　　B. 使用大数据分析技术

C. 使用人工智能技术　　D. 使用区块链技术

4. 电子商务物流配送中的订单处理阶段包括（　　）等关键步骤。

A. 顾客下单　　B. 订单审核

C. 库存检查　　D. 订单确认

三、判断题

1. 电子商务物流只是简单的商品配送过程。（　　）

2. 物流环节的效率和成本不影响电子商务的运营成本和客户的购物体验。（　　）

3. 物流联盟成员间不会有信息安全隐患。（　　）

4. 自营物流模式下，企业可以根据市场需求和变化迅速调整物流策略。（　　）

5. 电子商务物流配送中心仅负责订单处理和配送。（　　）

6. 电子商务物流配送流程中的“最后一公里”配送指的是从配送中心到消费者手中的整个配送过程。（　　）

7. 物流信息化只能提升物流效率，不能增强供应链可见性或优化用户体验。（　　）

8. 物流联盟总是能够成功地降低运营风险，而不需要考虑成员之间的利益分配问题。（　　）

四、填空题

1. 物流通过优化__________、运输和配送等环节，保证货物能够及时送达客户手中，从而增强了电子商务的竞争力和可靠性。

2. 物流信息化水平的提升使得客户能够随时追踪货物的运输情况，从而提升了服务的__________度和可控性。

3. 物流效率的提升可以提高用户的满意度和用户对品牌的__________度。

4. 电子商务物流配送模式可以按__________划分为以制造商为主体的配送模式、以批发商为主体的配送模式等。

5. 物流环节的______和______直接影响着电子商务的运营成本和客户的购物体验。

五、名词解释

1．自营物流

2．第三方物流

3．物流联盟

六、简答题

1．简述电子商务与物流的关系。

2．简述自营物流的优势。

3．第三方物流服务包括哪些种类？

4．电子商务物流配送流程中的订单处理阶段包括哪些步骤？

5. 电子商务物流配送中心有哪些功能？

七、综合题

在电子商务的浪潮中，物流服务已成为电商企业提升客户满意度和品牌竞争力的关键。京东物流作为京东集团的自营物流子公司，在行业内以高效、创新的服务而闻名。京东物流依托自有物流网络和智能化仓储系统，为客户提供 24 小时极速达、签收拍照验证、预约配送等服务，旨在提升客户的购物体验。然而，在一次重要的促销活动中，京东物流遭遇了前所未有的挑战：订单量激增，物流压力随之增大，导致部分订单配送延迟，客户满意度有所下降。京东物流团队必须快速响应，以确保在接下来的促销活动中能够满足客户需求，维护品牌声誉。

1. 分析京东物流在处理大量订单时可能遇到的挑战，并探讨京东物流如何通过提升物流效率、优化供应链管理、创新物流服务等措施来应对这些挑战。

2. 电商物流企业应该如何平衡运营效率和客户满意度？如何通过技术和管理创新提升整体的物流水平？

第六章　电子商务客户服务

一、单项选择题

1. 在网络店铺中，从客户进店咨询到拍下并付款的整个环节是（　　）人员的工作范畴。

A. 电话客服　　B. 售前客户服务

C. 售中客户服务　　D. 售后客户服务

2. 下列人群中，（　　）的消费观念开放，喜欢购买新颖、时髦的商品，购物冲动性强，易受周围环境的影响，价格敏感度低。

A. 少年　　B. 青少年

C. 中年　　D. 老年

3. 下列选项中，（　　）不是男性客户的购买特点。

A. 求新求异的竞争心态　　B. 目标明确，决策果断、迅速

C. 看重商品细节　　D. 追求方便和快捷

4. 以追求商品的使用价值为主要倾向的心理是（　　）心理。

A. 求实　　B. 求美　　C. 求利　　D. 求惯

5. 对于具有（　　）心理的客户，售前客服人员可主推畅销款商品，强调已有很多客户购买且非常满意，让销量和评价说话。

A. 求实　　B. 求美　　C. 求众　　D. 求安

6. 下列选项中，（　　）不是客服问题导致的投诉。

A. 客服人员回复问题缺乏耐心　　B. 客服人员与客户发生争执

C. 客服人员不尊重客户，侮辱客户　　D. 快递人员态度不好

二、多项选择题

1. 根据服务流程和时间节点不同，电子商务客户服务可分为（　　）。

A. 电话客服　　B. 售前服务

C. 售中服务　　D. 售后服务

2. 售前客户服务人员的工作内容主要包括（　　）。

A. 售前准备　　B. 接待客户

C. 解答疑问　　D. 推荐商品

3. 在电子商务中，售前客服人员所要进行的准备工作包括（　　）。

A. 熟悉商品　　B. 熟悉网店近期活动

C. 熟练使用沟通工具　　D. 了解平台规则

4. 下列选项中，（　　）属于电子商务客服人员在回复时禁用的话语。

A. 没得解释，就是这么规定的

B. 刚才不是已经告诉你了吗?

C. 不属于我的范围，我不管

D. 咱们的商品全部是正品行货，假一罚十，请您放心购买

5. 下列选项中，可以帮助客服人员快速回复的有（　　）。

A. 经常练习打字　　B. 多使用表情包

C. 设置自动回复、快捷短语　　D. 使用智能客服机器人

6. 针对老年客户，客服人员适宜采用的推荐策略包括（　　）。

A. 强调产品的性价比

B. 提供类似于“七天无理由退换货”的售后保障

C. 多介绍产品的美观性、新颖性、时尚性

D. 介绍过程中应简洁明了，避免啰唆

7. 女性客户的购买特点有（　　）。

A. 购买目标模糊而灵动　　B. 情绪化消费

C. 易受商品价格变动影响　　D. 看重商品细节

8. 售中客服人员主要负责处理与物流相关的工作，具体工作内容有（　　）。

A. 装配商品并打包　　B. 发货并跟踪物流

C. 提醒客户及时收货　　D. 查单查件

9. 以下关于退款处理的说法，正确的有（　　）。

A. 电商平台中，订单为待发货、待收货、交易成功状态时，用户均可以发起退款操作

B. 当订单为待发货状态时，由于货物还未发出，可直接退款，取消订单

C. 当订单为待收货状态时，需要立刻进行快递拦截

D. 当订单为交易成功状态时，不可以退款

三、填空题

1. 客户服务人员在客户下单之前开展的一系列提高客户购买意愿的服务工作是____________。

2. 针对______________年龄段的客户，售前客服人员不要夸夸其谈，要体现出真诚

和对客户的尊重，强调产品的实用性。

3. 以追求安全、健康、舒适为购买目的的心理是＿＿＿＿＿＿心理。

4. 电子商务售中客服人员的工作集中在＿＿＿＿＿到＿＿＿＿＿的整个时间段。

5. 客户收到商品后，在使用过程中可能会遇到某些问题，此时用户一般会找＿＿＿＿客服人员进行反馈。

四、判断题

1. 接待客户贯穿于整个客户服务工作中，售前客服人员应做好随时接待客户的准备，并时刻保持热情、耐心和周到的服务态度。（　　）

2. 售前客服人员在向客户推荐商品时，可以立足于自己的兴趣点进行关联推荐。（　　）

3. 不同于实体店导购人员，售前客服人员不能通过微笑和行动来体现自己的热情，只能通过文字和在线表情让客户感受到自己的真诚服务。（　　）

4. 客服人员在沟通的过程中要善于使用“您”“咱们”“我们”，少用“我”“你”，以缩短与客户之间的距离，让客户感觉既亲切又受到尊重。（　　）

5. 阿里的店小蜜、京东的京小智等都是智能客服机器人。（　　）

6. 如果客户给出了中差评，那么客服人员需要与客户联系，以期让客户自愿将中差评改为好评。如果沟通无效，客服人员不用再进行任何操作。（　　）

7. 售后客服人员接到买家的退换货申请后，可以尝试说服买家撤销申请。但如果买家执意要退，那么也要干脆地处理，不要让买家产生退货困难的感觉。（　　）

五、名词解释

电子商务客户服务

六、简答题

1. 若客户以商品质量有问题为由提出退换货，电子商务客服人员该如何处理？

2. 对客户给出的中差评，电子商务客服人员可以采用哪些方法进行应对？

3. 简述处理电子商务中客户投诉的原则。

七、综合题

1. 假如你是一名网店售前客服人员，请根据表 6–1 中列出的客户提问写出恰当的回复。

表 6–1 售前客服回复话术

客户提问	回复
在吗？	
这款连衣裙现在有什么活动吗？	
这个确定是正品吗？	
你们发什么快递？	

2. 小美在某网店购买了一套化妆品。完成付款后的第三天，小美发现其订单物流信息长时间没有更新，于是通过平台联系到客服人员，表达了对本次购物的不满。请回答以下问题。

（1）面对这种情况，你认为客服人员应该如何进行处理？

（2）若小美不想继续等待，申请取消订单，客服人员应如何处理？请画出处理流程图。

（3）如果经过耐心解释，小美选择等待，最终收到了化妆品，但她发现有一瓶化妆品出现了破损，你认为客服人员应该如何处理？后续该网店应该如何改进，避免出现此类问题？

第七章　电子商务安全和法律

一、单项选择题

1. 下列选项中，(　　) 不属于网络安全威胁。

A. 恶意软件　　B. 网络钓鱼

C. 身份盗窃　　D. 网络连接问题

2.《中华人民共和国电子商务法》规定，电子商务经营者应当（　　）披露商品或服务信息。

A. 选择性地　　B. 仅在需要时

C. 全面、真实、准确、及时地　　D. 仅在对销售有利的情况下

3. 根据《中华人民共和国电子商务法》，电子商务经营者搭售商品或服务时应当（　　）。

A. 默认搭售商品或服务

B. 以显著方式提醒消费者注意

C. 仅在消费者询问时提供搭售信息

D. 不告知消费者搭售信息

4. 电子支付服务提供者的责任和义务包括（　　）。

A. 确保电子支付指令的完整性和一致性

B. 向用户收取额外的对账服务费用

C. 不需要告知用户电子支付服务的风险

D. 仅在用户要求时提供交易记录

5. 电子商务经营者应当依法出具（　　）的购货凭证或服务单据。

A. 仅纸质发票形式　　B. 仅电子发票形式

C. 纸质发票或者电子发票形式　　D. 自制

6. 域名注册服务遵循（　　）的原则。

A. "先申请先注册"　　B. "先到后得"

C. "随机分配"　　D. "付费优先"

7. 根据《互联网域名管理办法》，域名注册申请者应当（　　）。

A. 仅遵守域名注册管理机构的规定

B. 提供真实、准确、完整的域名注册信息

C．仅需要提交域名注册信息，无须确保信息的真实性

D．不需要遵守任何规定，可以直接注册

8．网络安全的重要性不包括（　）。

A．维护国家安全和稳定

B．保护个人隐私和财产安全

C．促进经济发展和社会进步

D．提升网络娱乐体验

9．下列关于电子支付安全的说法，错误的是（　　）。

A．采用安全的支付平台和系统可以防范黑客攻击和数据泄露

B．用户身份验证和支付授权是不必要的

C．加密技术能够有效防止支付信息在传输过程中被窃取或窜改

D．定期更新和升级支付系统的安全补丁是重要的

10．下列选项中，（　　）不是《中华人民共和国电子商务法》中涉及消费者权益的规定。

A．保障商品和服务质量的措施

B．商品或服务信息的公示

C．个人信息的收集与使用

D．允许虚构交易和编造用户评价

二、多项选择题

1．电子商务平台经营者在保护消费者权益方面的责任和义务包括（　　）。

A．保障商品和服务质量的措施

B．商品或服务信息的公示

C．搭售商品提示

D．交易纠纷的解决

2．电子商务平台经营者在知识产权保护方面的责任包括（　　）。

A．建立知识产权保护规则

B．与知识产权权利人加强合作

C．依法保护知识产权

D．对侵权行为视而不见

3．在网络安全领域，计算机软件安全包括（　　）。

A．开发和使用安全的操作系统

B．开发和使用安全的应用程序和数据库

C．安装防火墙

D．及时更新和修补已知的安全漏洞

4．在电子商务中，（　　）通过限制访问权限和确保用户身份的真实性，可以防止未经授权的访问和数据泄露。

A．数据分类　　　　B．访问控制

C．身份验证　　　　D．数据加密

5．保障电子支付安全的关键在于采取有效的安全措施，提供技术保障，这包括（　　）。

A．使用可靠的支付渠道　　　　B．使用安全的支付网关

C．实行用户身份验证　　　　D．实行用户支付授权

三、判断题

1．《中华人民共和国电子签名法》确立了电子签名的法律效力，明确可靠的电子签名与传统的手写签名、盖章具有同等的法律效力。（　　）

2．电子商务经营者应当全面、真实、准确、及时地披露商品或者服务信息。（　　）

3．电子商务经营者可以采取虚构交易、编造用户评价等方式进行商业宣传。（　　）

4．电子商务平台经营者不得利用技术服务协议对平台内经营者在平台内的交易行为、交易价格进行不合理限制。（　　）

5．电子商务平台经营者应当建立知识产权保护规则，与知识产权权利人加强合作，依法保护知识产权。（　　）

6．网络钓鱼是通过仿冒合法机构的方式，欺骗用户输入敏感信息的攻击手段。（　　）

7．电子商务中的电子支付安全只涉及支付平台和系统的安全性，与用户身份验证和支付授权无关。（　　）

8．电子商务平台经营者不必关注和干涉平台内经营者销售的商品或提供的服务是否符合保障人身、财产安全的要求。（　　）

9．电子商务经营者销售商品或者提供服务时，可以不出具纸质发票或电子发票等购货凭证或服务单据。（　　）

四、填空题

1．电子商务面临的网络技术安全问题有________、________、________三个方面。

2．电子支付服务提供者应当确保电子支付指令的________、________、可跟踪稽核和不可篡改。

3．任何组织或者个人不得以丑化、污损，或者利用________手段伪造等方式侵害他人的肖像权。

4. 电子商务经营者发布的商品或者服务信息符合要约条件的，用户选择该商品或者服务并提交订单成功，________成立。

5. 电子商务经营者应当__________用户信息查询、更正、删除以及用户注销的方式、程序，不得对用户信息查询、更正、删除以及用户注销设置不合理条件。

五、名词解释

1. 网络安全

2. 数据泄露

六、简答题

1. 简述信用风险对电子商务参与各方的影响。

2. 为了防范欺诈交易和身份盗用的风险，消费者应如何做？

3. 简述信用风险的形成因素。

七、综合题

在数字经济时代，网络流量成为衡量网络产品受欢迎程度的重要指标。然而，一些不法商家为了追求虚假的流量和点击率，通过“暗刷流量”的方式进行不正当竞争。所谓“暗刷流量”，即通过技术手段虚构网络产品的点击量、浏览量等数据，制造虚假的网络热度，以吸引消费者和广告商。这种行为不仅损害了消费者和合法经营者的利益，也破坏了公平竞争的市场秩序。

A公司与B公司约定，A公司为B公司完成“暗刷流量”，B公司支付相应费用。而后期B公司未按约定支付费用，A公司以此为由提起违约诉讼。A公司认为，根据第三方后台数据统计，B公司还应向A公司支付流量服务费30 743元。B公司则以流量掺假、A公司提供的“暗刷流量”服务本身违反法律禁止性规定为由，主张A公司无权要求支付费用。

请分析“暗刷流量”行为的性质及其对电子商务环境的影响，并结合《中华人民共和国电子商务法》的相关规定，分析电商平台经营者应如何履行其法律责任，以维护健康的网络市场环境。

第八章 电子商务应用新趋势

一、单项选择题

1. 相比传统电商，移动电商在（　　）方面没有显著优势。

A．便捷性　　B．安全性
C．个性化　　D．覆盖范围

2. 移动电商允许用户随时查询订单状态和物流信息，这体现了移动电商的（　　）特点。

A．便利性　　B．个性化
C．实时性　　D．交互性

3. 速卖通是阿里巴巴旗下的（　　）类型的跨境电商平台。

A．B2B　　B．B2C
C．C2C　　D．O2O

4. 下列不属于 B2C 跨境电商平台的是（　　）。

A．亚马逊　　B．敦煌网
C．速卖通　　D．Wish

5. 在跨境电商中，（　　）适用于轻小件物品的运输。

A．邮政小包　　B．国际快递企业运送
C．海运专线　　D．空运专线

6. 社交电商的用户主要面向（　　）。

A．中老年人群　　B．年轻人群
C．儿童　　D．所有年龄段人群

7. 在直播电商的（　　）阶段，商家或品牌方需要制定直播策略，并与直播平台协商合作事宜。

A．直播预热　　B．策划准备
C．直播实施　　D．购买

8. 在电商直播中，消费者通常通过（　　）进行购买。

A．直接在直播间付款　　B．直播平台或商家提供的链接
C．电话订购　　D．实体店

9. 在直播电商的售后服务阶段，商家主要进行（　　）。

A. 直播内容优化　　B. 退换货处理

C. 主播培训　　D. 直播预热活动

10. 社交电商利用（　　）进行商品销售和推广。

A. 搜索引擎　　B. 社交媒体平台

C. 电子商务平台　　D. 电视购物平台

11. 社交电商强调通过用户分享、点评等社交互动方式增强购物的趣味性和参与感，这体现了社交电商（　　）的特点。

A. 个性化服务　　B. 具有社交元素

C. 移动端优势　　D. 年轻用户

二、多项选择题

1. 移动电商的特点包括（　　）。

A. 便利性　　B. 个性化

C. 实时性　　D. 跨屏互通

2. 相比传统电商，移动电商的优势体现在（　　）。

A. 不受时间和地点限制　　B. 操作界面复杂

C. 可以利用位置信息提供本地化服务　　D. 支付方式更加多元化

3. 移动电商平台的应用场景包括（　　）。

A. 在线购物　　B. 旅游出行

C. 在线医疗　　D. 金融服务

4. 跨境电商的优势主要体现在（　　）。

A. 可以扩大市场　　B. 可以降低成本

C. 可以提供单一化产品　　D. 可以创造更高效的国际贸易

5. 跨境电商常用的物流方式包括（　　）。

A. 邮政小包　　B. 国际快递企业运送

C. 海运专线　　D. 海外仓储

6. 跨境电商企业为了保障交易的安全和便捷，通常会（　　）。

A. 支持多种货币结算　　B. 与国际银行和支付机构合作

C. 提供安全的支付系统　　D. 依赖传统支付方式

7. 直播电商的主要优势包括（　　）。

A. 实时互动性强　　B. 产品展示直观生动

C. 产品价格更高　　D. 可以降低营销成本

8. 直播电商的实施流程包括（　　）。

A. 策划准备阶段　　B. 直播预热阶段

C. 直播实施阶段　　D. 售后服务阶段

9. 在直播预热阶段，商家可以采取（　　）的措施吸引用户关注。

A. 通过社交媒体进行宣传　　B. 开展抽奖活动

C. 赠送优惠券　　D. 直接进行产品销售

10. 社交电商的特点包括（　　）。

A. 具有社交元素　　B. 可以提供个性化服务

C. 具有移动端优势　　D. 采用传统购物模式

11. 微博电商的优势包括（　　）。

A. 具有巨大的用户群体　　B. 具有较强社交属性

C. 具有丰富的数据分析工具　　D. 物流速度快

三、判断题

1. 移动电商仅能通过智能手机开展电子商务活动。（　　）

2. 淘宝（移动端）只是淘宝电子商务平台计算机端的简单移植。（　　）

3. 跨境电商不能提供多元化商品选择。（　　）

4. 跨境物流相对传统物流更加简单，不需要更多的时间、精力和成本。（　　）

5. 支付宝是中国的在线支付平台，只适用于国内支付，不适用于跨境电商交易。（　　）

6. 直播电商可以大大降低营销成本，但转化率都不高。（　　）

7. 在直播电商平台上，观众可以在直播结束后购买商品。（　　）

8. 在直播电商的购买阶段，商家不需要处理用户的售后问题。（　　）

9. 社交电商主要是通过传统的电子商务平台进行商品销售和推广。（　　）

四、填空题

1. 跨境电商通过________，可以减少中间环节的费用和汇兑损失，降低采购成本和物流成本。

2. 在跨境电商中，________是指在目标国家或地区建立的仓库，可以为卖家提供储存、包装、发货等一系列服务。

3. 直播电商是利用________的影响力，促进________和推广的电子商务模式。

4. 在直播电商中，商家可以通过直播平台收集的________和行为分析，为消费者提供更加________的商品推荐和服务。

5. 在直播电商的策划准备阶段，商家需要准备好________________等基础工作。

6. 社交电商将传统的__________与____________相结合。

五、名词解释

1. 移动电商

2. 跨境电商

3. 直播电商

4. 社交电商

六、简答题

1. 移动电商的便利性体现在哪些方面？

2. 简述跨境电商中海外仓储的优势。

3. 个人消费者在使用直播电商平台消费时，应注意哪些事项？

4. 简述直播电商在直播实施阶段的主要任务。

七、综合题

“全球购”跨境电商企业物流与支付流程优化

“全球购”是一家专注于跨境电商业务的企业，致力于为全球范围内的消费者提供高品质、多样化的商品和服务。自成立以来，“全球购”凭借丰富的商品种类、优质的客户服务及便捷的购物体验，迅速在跨境电商市场中崭露头角。然而，随着业务规模的不断扩大和市场竞争的日益激烈，“全球购”面临着物流与支付流程中的诸多挑战，亟需进行优化，以提升客户满意度和运营效率。

在物流方面，“全球购”主要依赖邮政小包和国际快递进行商品配送。虽然这种方式在一定程度上满足了全球范围内的配送需求，但存在物流速度慢、配送覆盖范围有限、库存管理混乱等问题。特别是在节假日和促销活动期间，订单量的激增导致发货延迟和物流拥堵，严重影响了客户体验和品牌声誉。此外，缺乏稳定的物流体系和先进的物流管理系统也限制了“全球购”在物流效率和服务质量上的进一步提升。

在支付方面，“全球购”仅支持PayPal支付和信用卡支付，支付方式相对单一，无法满足全球消费者日益多样化的支付需求。同时，支付安全和防欺诈措施的不足也导致一些消费者对平台的信任度降低。此外，跨境支付手续费高、支付流程复杂等问题也增加了“全球购”的运营成本和时间成本。这些问题不仅影响了消费者的购物体验，也限制了“全球购”在全球市场的拓展和竞争力。

鉴于以上挑战，“全球购”决定对物流与支付流程进行优化，以提升客户满意度和运营效率。优化目标包括提高物流速度，扩大配送范围，优化库存管理，丰富支付方式，提升支付安全性，降低跨境支付手续费等，同时，通过引入先进的物流管理系统和支付技术，实现业务流程自动化和智能化，提高整体运营效率和服务质量。

请根据“全球购”的实际情况，分析其现状与问题，提出优化建议，填写表8–1。

表8–1 “全球购”业务优化建议

现状与问题	优化建议	预期效果
物流方面：	物流方面：	物流方面：
支付方面：	支付方面：	支付方面：